AF368662

Catalogación en la publicación – Biblioteca Nacional de Colombia

Donatti, David Saturno, 1984-
El pais de los payasos / David Saturno Donatti ;
ilustrado por Federico Neira. -- Bogotá : Editorial Magisterio, 2015.
p. : il. – (Colección Oso de Anteojos)

Incluye datos biográficos del autor al final del texto.
ISBN 978-958-20-1202-1

1. Cuentos infantiles colombianos - Siglo XXI
I. Neira, Federico, il. II. Título III. Serie

CDD: Co863.5 ed. 23   CO-BoBN– a971663

David Saturno Donatti

ILUSTRADO POR: FEDERICO NEIRA

Colección El Oso de Anteojos

EL PAÍS DE LOS PAYASOS

©   David Saturno Donatti

©   Cooperativa Editorial Magisterio
         Diagonal 36bis no 20-70
         PBX: 0571-3383605
         Bogotá, D.C. Colombia
         www.magisterio.com.co

ISBN: 978-958-20-1202-1

Primera edición,

Diseño e ilustración: Federico Neira

A David.

Mi hijo.

*"Mi forma de bromear es decir la verdad.
Es la forma más divertida"*.

Woody Allen

"Prohibido no reír".

Benjamín Acrobacia

"A la luna, a las dos y a las tres".

Jairo Aníbal Niño

Alunizaje de los Astropayasos

—Voy a llevarte a la luna —exclama Danna, la mamá payasa, mientras pedalea una bicicleta voladora que emerge desde la espesa blancura de una nube de oro y algodón.

—¿A la luna? —indaga Nino, con tanto brío como con asombro; sus ojos azules muy abiertos; el rostro empastelado de cremas de colores.

—Sí. A la luna, a las dos y a las tres —silba Danna—; en la luna, hijo, hay un país fundado por payasos; sus payasadas nos harán reír, otra y una, luna y otra vez.

—¡Estupendo, el país de los payasos! Vamos a la luna, a las dos y a las tres! —musita Nino jubilosamente, aferrado al manubrio de su bici, sobrevolando los cielos color carmesí.

—En el país de los payasos encontraremos al Señor Libro —grita la mamá payasa, con aflautada voz—; y el Señor Libro, quien posee diploma de parlanchín, nos relatará un cuento de aventuras de payasos, o tal vez dos o tres, o tal vez mil.

—¡Yupi, al país de los payasos! ¡Vamos, vamos de una vez! —canta Nino, el tierno payasito, cuando su corazón late como un tamborcito, pump, pump, pump.

—Mamá, —observa Nino— he escuchado decir que en la luna, políticamente hablando, la situación está grave. Muy grave, dijeron en la tele. Los payasitos gobernantes de la luna están pugnando entre ellos por la arena lunar. Eso oí decir.

—Imposible, Nino —aclara la mamá payasa—. Las cosas, políticamente hablando, no pueden estar graves en la luna, porque en la luna no hay gravedad.

El atardecer agoniza. Una, dos, tres, mil aves vuelan por ahí.

La noche, esbelto pájaro sin comienzo ni fin, enciende su deslumbrante vestido de misterio, de tal modo que estrellas de color aguamarina, como canguritos pequeñitos pequeñitos, empiezan a saltar en la bóveda del cielo… a la luna, a las dos y a las tres.

—Mamá, ¿qué es cielo? —pregunta Nino, que todo el tiempo pregunta por todo.

—El cielo es mi corazón —responde Danna—, y mi corazón eres tú: mi cielo.

—Y el amor, mamá, ¿qué es?

—Hijo, el amor es la guitarra cuya música es el viento, es el viento cuya casa es el pájaro, es el pájaro cuyo colegio es una nube. Y también es un mar de turbulencias y precipicios donde los amantes avanzan a través de una cuerda floja, un mar donde nos ahogamos muchas veces; y para sobrevivir necesitamos, solamente, que nos den respiración boca a boca.

Un pájaro color fresa vuela en el cielo. Nino alista su flecha y la prepara en el arco. Apunta luego al corazón del pájaro e intenta lanzar la flecha hacia el océano del viento. La mamá payasa lo detiene y le dice:

—Nino, no le apuntes al ave, apúntale a la estrella.

Sobre la extensa cintura del cielo, llueven meteoros de colores, uno, dos y tres, y mil y mil.

Los Astropayasos divisan, a lo lejos, la esbelta luna de cabellos de alhelí.

En el terciopelo de la noche, cual jirafas de acero, las dos bicicletas voladoras danzan un ballet de ensueño sin fin. Pedalea Danna, a la luna, a las dos y a las tres.

Pedalea Nino, una y otra vez. Las dos bicicletas voladoras vuelan a mil.

Unas lucecitas, amarillas y rojas, prenden y apagan en los pedales, rojas y amarillas. Los platinados rayos de las ruedas viran fugaces. Y los piñones de aluminio de las bicis, girando sin cesar, parecen diminutos astros extraviados en la tormenta de estrellas que explota en la pantalla de la noche.

Las bicicletas avanzan entre astros, entre vientos, entre nubes, entre músicas de iris y palomas cuyas alas de oro vuelan hasta el sinfín.

Soñador, un pajarito carpintero del espacio —llevando un trozo de arcoíris pintado como con crayola en sus alas—, parapetado en el lomo de un caballito de mar, sobrevuela vertiginosamente la estupenda autopista del espacio.

El galáctico Señor Cometa Halley, con su luminiscente colita de fuego cósmico, aparece raudo en perspectiva de las bicicletas voladoras. "Por comer fósforos, velas y bombillas, empezó a salirme fuego por la colita" explica el Señor Cometa Halley a los Astropayasos aventureros; luego, se acerca un tanto más, peina los flecos de su melena meteórica e ilumina el rostro del pequeño payasito.

—¿Qué quieres ser cuando seas grande? —pregunta el Señor Cometa Halley a Nino, con voz de color melocotón; da en un santiamén una vuelta a la galaxia y regresa efímeramente para oír la respuesta de Nino.

—Yo —dice el niño payasito, emocionado—, quiero ser un pájaro romántico, para volar muy alto, muy alto, y darle un pico a todas las nubes.

—¿Quieres ser un pájaro?

—Sí, un pajarito, para tener plumas de colores y poder escribir mis canciones sobre el papel del viento.

De pronto, el Señor Cometa Halley desaparece a la velocidad de la luz.

Muy lentamente, las dos bicicletas voladoras —cuyas blancas y extensas alas de gaviota se baten armónicamente en el firmamento— avanzan varios kilómetros sobre la invisible, despejada y fantasmagórica autopista de los cielos.

No vuelan ni muy rápido ni muy lento.

La noche es de un azul iluminado y semeja una pantalla grande donde se proyecta el onírico largometraje del misterio, la magia y la eternidad.

Danna y Nino, con sus rabitos puestos sobre el sillín y sus ojos clavándose en los gigantescos cráteres de la luna, descienden paulatinamente.

La luna empieza a crecer y a crecer; su blanca arena se aproxima ante la vista de los dos Astropayasos. Las dos bicicletas, en un abrir y cerrar de ojos, alunizan frente a un Lunapuerto cuya estructura posee la forma de una zanahoria con puntiagudos e inmensos cabellos de hojas suaves, verdes y fragantes, de las que cuelgan algunos micos embalados en unos trajecitos color azul cobalto, cuyos botones tienen color de aserrín, así, rín, rín, rín.

Desde la luna, el espacio parece un inmenso pétalo de rosa, picado de microscópicas estrellas que tiemblan y tiemblan como niños en un examen de matemáticas.

Los Astropayasos descienden de sus bicicletas voladoras e intentan poner sus pies en la luna, pero la falta de gravedad los deja levitando un tanto como aves de colores.

Las dos bicicletas caen pausadas sobre la arena lunar. Sus ruedas giran, delgadamente, bajo una lluvia de alas de golondrina.

Por fin, lentamente, los payasitos viajeros pisan luna.

Planeando en cámara lenta, desde la fastuosa entrada del Lunapuerto —perfumado de un plácido olor a manzana, enfundado en un trajecillo de colores que semeja una sotana y parado en unas pantuflas con forma de Ratón Pérez—, resurge la agraciada figura de un payaso cuyo cabello cambia de color a cada minuto:

—Bienvenidos —dice éste, con su voz de piña—, mi nombre es Benjamín Acrobacia, tengo treinta y cinco mil años y soy el presbítero del país de los payasos.

El resuello del perfumado aire de la luna infla los hábitos del presbítero; sus zapatos de punta gigante brillan a todo dar.

Luego de desenmarañar su cabello verde, Benjamín Acrobacia recibe a los payasos visitantes con un presente: un reloj con forma de tortuga y pantalla de neón para Nino y un girasol de agua para Danna, la mamá payasa.

—Mamá, ¿qué es un *presbítero*? —pregunta Nino.

—Luego te explico —resopla Danna.

Ante la mirada fascinada de los tres payasos, desfila con fugacidad un grupillo de peces voladores.

Azules. Rojos. Verdes. Se esfuman.

Danna y Nino lanzan sus miradas contra Benjamín Acrobacia.

—¿Quiénes son ustedes?, ¿cuáles son sus nombres?, ¿de dónde vienen? —consulta el presbítero a los visitantes.

—Yo soy Danna, la payasa del Circo Sin Fin; y mi hijo es Nino Amador Viento, un pequeño payasito, primo hermano del Principito; venimos desde un lejano planeta llamado Azul, más exactamente, de un lejano país de floricultores, cuyo nombre oficial es Cirquín.

—¿Qué es un *presbítero*? —insiste Nino, al ver el asombro que baña el rostro de Benjamín Acrobacia cuando oye la palabra "Cirquín".

—Ya te dije que luego te explico —reitera la mamá payasa, con su apianada voz.

Nino se encoge de hombros.

Se aleja un tanto de los payasos adultos.

Se tira sobre la arena de la luna y empieza a jugar. Disfruta. Danza. Imagina.

Regocijado, amasa y amasa la sílice blanca hasta dar forma a una figura de gato. Como un escultor maravilloso, el niño-payaso moldea el gato a su imagen y semejanza. Después sopla sobre el blanco y arenoso cuerpo del pequeño felino.

El gatito cobra vida, y maúlla: "Miau".

En seguida, el diminuto león de arena sonríe y salta sobre el regazo de Nino.

—¿Cómo te llamas? —pregunta Nino, tanteando al gatito cuyos bigotes brillan de azul.

—Mi nombre es Nirín —susurra el felino de arena.

—Los gatos no hablan —protesta Nino, atisbando al felino a través de los cristales de sus anteojos de niño.

—Los gatos sí hablamos. También leemos libros.

—Leer no es bueno —confiesa Nino al gato—; mamá dice que yo me quedé miope por leer tantos libros. Por eso llevo estos anteojos que tienen más aumento que el impuesto que pagan los payasos para poder reír.

—Leer sí es bueno —espeta Nirín—; nadie se queda miope por leer; al contrario, el que no lee, se queda ciego, sordo y mudo.

—Pensándolo bien, tienes razón, Nirín, leer es como volar —opina el pequeño payasito—, yo, por ejemplo, durante un siglo entero leí *Cien años de soledad*, un libro mágico del escritor colombiano Jorge Luis Borges.

—¡Un siglo leyendo un libro! ¿Acaso cuántos años tienes?

—Hasta ahora tengo novecientos setenta y tres años.

—¿Novecientos setenta y tres años?

—Sí. Los payasos podemos vivir más de

cien mil años. Porque quien sonríe, vive mucho más.

—¡Guao! —replica Nirín, y pregunta—, niño, ¿cómo te llamas?

—Me llamo Nino Amador Viento. Soy constructor de la alegría, ingeniero de los sueños y carpintero de la felicidad.

—¿Por qué te llamas Nino?

—En realidad, mi nombre iba a ser "Niño", pero cuando nací, mi padre, gran piloto, estaba muy lejos de casa y sólo llevaba consigo una máquina de escribir a la que le faltaba la tecla de la letra eñe (Ñ), de modo que en la carta que mi padre tecleó para mamá, tuvo que escribir que mi nombre fuera Nino, cambiando la ene por la eñe. Por eso me llamo así. Y ahora dime, Nirín, ¿tú qué haces?

—Yo soy un gato escritor.

—¿Escritor?

—Sí.

—¿Y ya lanzaste libro?

—Sí, por supuesto. Una vez lancé un libro al cesto de basura, ja, ja, ja —rememora Nirín—, y mi Abuelo Gato me dio tres palmadas en la cola: "Toma, toma y toma, gato mal criado, *miau*" me reprendió el viejo, y dijo: "Si vuelves a lanzar un libro a la basura, te daré otros tres fuetazos, toma, toma y toma".

—Nirín, dime una cosa, ¿cómo llegaste a ser un gato escritor? —pregunta Nino.

—Fue así. Escucha. Cuando yo era un gato pequeñito, muy pequeñito, anhelaba comprarme una mil-hoja de arequipe, pero éramos tan

pobres, pero tan
pobres, que Papá
Gato sólo me
pudo com-
prar una
hoja, y sin
arequi-
pe. En
esa hoja
empecé a
escribir y a
borrar y a
escribir.

A escribir se aprende borrando. Y fue así como me hice escritor.

—Nirín, ¿y por qué escribes?

—Escribo porque escribir es como volar.

—¿Y cómo vuelas?

—Pues con las plumas. Todos los escritores tienen sus plumas, y con ellas vuelan.

—Ah, ¿y qué escribes?

—Escribo novelas de aventuras. Escribo palíndromos (palabras o textos que se leen igual de derecha a izquierda y de izquierda a derecha; la palabra Nirín, por ejemplo, es un palíndromo, porque se lee lo mismo de derecha a izquierda que de izquierda a derecha). También escribo cuentos de amor, para que no me salgan con cuentos de pacotilla. Escribo la inocencia. Escribo el vuelo de la vida. Escribo anécdotas azules sobre mi primo El Gato con Botas. Y, a veces, a escondidas, escribo para darle besos al verso.

—Nirín, ¿qué es un *verso*?— curiosea Nino.

—Un verso es un pájaro de letras —manifiesta Nirín—, y ese pájaro solamente puede volar cuando es escrito en el papel del cielo.

Diluvia un silencio. Profundo. Total. Penetrante.

Un olor muy fresco se ensancha en torno al gato y al niño-payaso. Levemente asciende el polvo lunar. Una jirafa con alas, diminuta sobremanera (que cabría por el ojo de una aguja), sobrevuela junto a Nirín. Al instante, Soñador, el pájaro carpintero, con su copete de neón, atraviesa planeando frente a Nino.

—¿Qué es un ave? —examina Nirín, oteando el copete de Soñador, el pájaro carpintero.

—Un ave… es el corazón del cielo —aclara Nino.

La vida es circo:
Gobiernan los payasos.

Madame Pera, la fruta payasa

Nino y Nirín caminan un tanto, hasta acercarse a Danna, quien platica con el payaso Benjamín Acrobacia.

En tanto, Nirín bosteza. Maúlla. Bate su cola.

En ese instante, mientras bebe con la mirada el cabello blancoazul del presbítero, Danna está diciendo:

—…Sí, amigo Acrobacia, vinimos hasta la luna para conocer El País de los Payasos, pero también nos trajo hasta acá el anhelo de hablar en persona con el Señor Libro.

—¡Oh, el Señor Libro, el gran sabio de la luna!

—Sí, el mismo. Nos gustaría saber cómo encontrar su casa, o bien, su circo.

—El Señor Libro hoy no está en su circo, tuvo que visitar el Hospital de la Risotada, está muy enfermo; le duele el prólogo y la portada, tiene el lomo constipado, se le entristeció el índice porque nadie lo lee, parece que le van a enyesar el epílogo y, para completar, se le tronchó el dedo meñique de uno de sus pies de página.

—¿Cuándo podremos ver al Señor Libro? —se apresura a examinar Danna; su cabellera, que se recoge en una fantástica trenza tricolor, destella a todo dar.

—Podrán visitar al Señor Libro en el Hospital de la Risotada —anota Acrobacia, acariciando su cabello rojizo que lentamente empieza a tornarse de color púrpura, y añade—; sin embargo, ustedes todavía no pueden entrar al país de los payasos; antes deben presentar su visa en el Lunapuerto. El hecho de que seamos payasos no quiere decir que no tengamos nuestras normas.

Nirín apenas para oreja. Observa con minuciosidad el aleteo leve de sus propios bigotes azules.

—Díganos, payaso Acrobacia, ¿qué se necesita para obtener la visa? —preguntan en coro Nino y Danna.

—En nuestro país de payasos, para obtener una visa, únicamente exigimos una sonrisa —aclara el presbítero, acomodándose la roja nariz de caucho, mientras su cabello pasa de color púrpura a color vino tinto.

—Y si no nos reímos, ¿qué ocurre? —balbucea Nino, avizorando al payaso Benjamín Acrobacia a través de unos anteojos con marco en forma de corazón.

—Miren —dice Acrobacia, cuando conduce a los dos payasitos visitantes al Lunapuerto (su cabello cambia de color vino tinto a color beige)—, si no se ríen se volverán feos, descorazonados y viejos; la risa es el perfume mágico que refresca el alma de todo hombre-payaso. La risa trae a la superficie una cierta energía de tu manantial interno. Cuando te ríes de verdad, de algún modo vuelas. En nuestra opinión, la risa es como una forma de estar en el paraíso. La risa es una hermosa introducción a un estado de libertad totalmente maravilloso. Además, si ustedes no portan su visa, los payasos-policías de la Guardia Lunar los aprehenderán y los pondrán de patitas en la cárcel, porque en este país de payasos, no reír es un crimen. Creemos que la seriedad es una enfermedad.

—Y díganos, señor payaso, ¿qué le hace la prisión a los payasos que no se ríen? —suelta Nino, precipitado.

—Un payaso que no se ríe —resopla el presbítero— sería como un poeta sin palabras. Por eso en la prisión se delega hacer morir a los payasos que no se rían.

—¡Rayos!, ¿los hacen morir? —exclama Nino, emitiendo con sus gestos un gran asombro y a la vez sintiendo que el corazón se le encoge.

—Sí —dice Benjamín—, los payasos-policías de la Guaria Lunar les relatan a los presos cuentos que los hacen morir… morirse de la risa, para que aprendan.

—¿Y si aún no se ríen? —grita de nuevo Nino, con un semblante preocupado.

—Si los payasos no se ríen, los suben esposados a una patrulla voladora y los llevan hasta el Hospital de la Risotada, donde los cirujanos de la hilaridad los vacunan con Carcajidina, hasta que se mueran de la risa.

—¿Presbítero Acrobacia, quiere usted decir que la risa mata? —dice Danna con desparpajo.

—No —gruñe Acrobacia—, la risa no mata, resucita.

Nirín se ríe en secreto, marchando detrás de los tres payasos.

—¿Y si las vacunas de Carcajidina no

curan a los payasitos afligidos? —observa Nino, cuando ya han penetrado en el Lunapuerto que tiene forma de zanahoria.

—A los payasitos definitivamente tristes, los recluyen en el aposento de cuidados intensivos. Allí, la especialista en Cardiorisiñología los adormece con una dosis de pastillas de Anesterisitas. Posteriormente, se encarga de ellos Malena, una maga mala de lisa cabellera color azul naranja, quien les da un beso.

—¿Un beso: les dan un beso a los payasitos tristes que no se ríen? ¿Por qué un beso? —exclama Nino.

—Porque un beso todo lo cura —rezonga apremiante el payaso Benjamín Acrobacia.

Sobre la cabeza del presbítero, cuando su cabello pasa de color beige a color bermellón, una mariposa aletea haciendo piruetas.

Danna lleva a Nino de la mano.

—¿Qué es un *presbítero*? —insiste el niño-payaso por tercera vez.

—Ya te dije que luego te explico —responde la mamá payasa.

Nirín camina tras los tres payasos; su cuerpo se confunde con la arena de la luna.

Junto a un barril idéntico al del chavo del ocho, dos hipopótamos de colores, bailan tango en el traspatio azul del Lunapuerto.

Pasan volando elefantes del tamaño de una mosca.

Pasan caminado moscas del tamaño de un elefante.

En la azotea del Lunapuerto, un conejo hecho de nieve lava el rostro del aire.

De repente, una jaula sale volando en un pájaro.

El esqueleto de un dinosaurio aparece cantando.

En el patio azul del Lunapuerto, se precipita una embriagante y colorida lluvia de alas de mariposa; el armazón del iguanodonte se aleja…

Nirín estornuda.

Cesa la lluvia de alas de mariposa.

Danna, Nino y Benjamín Acrobacia, seguidos de Nirín, se detienen en la Oficina de Inmigración, justamente frente a la oficina de Madame Pera.

El rostro multicolor de Benjamín Acrobacia se dibuja sobre el cristal lustroso de las pupilas de Danna y Nino.

—Yo —confiesa el presbítero Acrobacia—, le saqué los ojos a mi madre.

—¡Cómo así! —,exclaman Danna y Nino—, ¿le sacaste los ojos a tu mamá?

—Así —repone Acrobacia—, le saqué el mismo color de ojos a mi madre.

Nino y Danna se desternillan de la risa.

—Ja. Ja. Ja.

Ipso facto, aparece planeando ante ellos la sublime y deliciosa silueta de Madame Pera, la payasa fruta, quien se presenta y les hace entrega oficial de sus visas.

—Señores payasitos —gruñe Madame Pera, jovial—, como directora de Inmigración del País de los Payasos, me permito entregarles sus visas, las cuales los acreditan como turistas con derecho a transitar libremente por el país de los payasos.

—¿Y mi visa? —pregunta Nirín a Nino.

—No te preocupes, porque los gatos no necesitan visa; sólo los payasos piden visa y marcan fronteras, los muy chistosos.

Nirín lanza una risa de oreja a oreja; sus bigotes se electrocutan de alegría.

—Nino, ¿con quién hablas? —farfulla Danna.

—Con Nirín.

—¿Cuál Nirín?

—El gato escritor, mamá, ¿no lo ves?

—No —dice Danna, no veo ningún gato escritor; deja de hablar solo.

—Tu mamá no puede verme— explica Nirín a Nino, en voz de susurro.

—¿Por qué? —objeta Nino, también en voz baja.

—Porque soy un gato invisible, o mejor dicho, un gato del país de la fantasía. Y los ojos de los adultos son ciegos en los caminos de la imaginación. Los adultos deberían ser aprendices de los niños.

—Lo importante es que yo pueda verte y…

—Nino, deja de hablar solo —obstaculiza Danna, que platica algo con Madame Pera, la fruta payasa.

A continuación, Danna y Nino dan las gracias a Madame Pera. Cada uno agarra con fuerza su visa. Danna se guarda el documento en la cartera y Nino lo deposita en el bolsillo de su overol estilo Mario Bros, color azul rey, con tirantas naranjas, hebillas con forma de rana y, en el bolsillo del pecho, un estampado grande y blanco de Superpayaso.

El presbítero Acrobacia permanece en silencio, mudo como una piedra.

—¿Usted es Pera? —consulta Nino, escudriñando con sus ojos el vestido de Madame Pera, la fruta.

—No, no espero ni busco —dice Madame Pera—, actúo y encuentro.

—¡Espera, espera, no entiendo! —repone el payasito.

—No esperes —dice la fruta—, y si quieres entenderme, no des espera.

—Espera, no entiendo esto, ¡me desespera! —Nino se coge la cabeza con las dos manos y pregunta—, ¿eres o no eres una Pera?

—Espera Nino, no desesperes —dice Danna, señalando a Madame Pera, y agrega—; sí, ella sí espera.

—Yo no espero —dice la fruta—, pero soy Pera.

—Usted sí es Pera —concluye el niño-payaso, oteando a la payasa fruta—, pero usted no espera ni desespera.

—Ni pero ni desespero, pero Pera sí soy, y es mejor ser Pera que Perra —apostilla la fruta—, y yo sé por qué te lo digo.

Nirín chilla. Estornuda de nuevo.

Una descarga de luces de colores florece en toda la luna. Sin chistar palabra, al igual que Nirín, el payaso Benjamín Acrobacia sigue atento la conversación.

Cuando avanzan para salir del Lunapuerto, los visitantes preguntan a Madame Pera cómo hizo ella para entrar al país de los payasos.

Mientras una palomita color azul cielo se pasea sobre su cabeza, Madame Pera responde:

—Llegué al país de los payasos hace mucho pero mucho tiempo. La verdad es que antes de ser Madame Pera yo era una perrita *fresh poodle*, albina, ojos azules, nariz aguileña, pelo blanco, dos años de edad, pedicure cada ocho días, dentadura completa, cola de reina. Todos me llamaban *Señorita Perra*, pero los perritos de confianza —sobre todo los que conocía en las piñatas caninas que organizábamos en la casa de Pluto o en el palacio de los 101 Dálmatas— me conocían como *La bella Caniche*. Aunque otros me decían *Flor de Aska*, porque Aska siempre fue el perrito de mi vida, aunque el pulgoso un día se fue con una perra Doberman que, a decir verdad, era mucho más bonita que yo. Lo último que supe de Aska, mi perro platónico, fue que se fatigó de la perra Doberman y se casó finalmente con una loba siberiana de cuyo nombre no quiero acordarme.

"Bien. Yo era una perrita común y corriente. Comía hueso. Jugueteaba. Brincaba. Atrapaba el platillo volador cuando íbamos los domingos a los parques. Sabía mover la cola como ninguna otra perrita del barrio. Me fascinaba que me bañaran y que me aplicaran polvos y perfumes. Ladraba con alegría. Jamás llegué a morder a un niño. Vivía en el Planeta Azul y tenía un trabajo como cocinera en *Dining room of the bone*[1], un restaurante que vendía desayunos y almuerzos para caninos ejecutivos. Una tarde, en la cocina, el Señor Postre de Durazno se sobrepasó conmigo, ¡imagínense!, me tocó mi enroscado y felpudo rabo, el atrevido. "Guau, guau, guau" le ladré furiosa. Me arrojé contra él a todo galope y clavé mis colmillos sobre su amarillo y afelpado pecho. Cuando el Señor Postre de Durazno vio manar la sangre amarilla por su cáscara, se armó con un dentado cuchillo y me hirió en la letra *ere*. El estacazo me dejó grogui y me tumbó de golpe. Entre algunos meseros y clientes de *Dining room of the bone* me alzaron y me llevaron al Hospital de la Perrera, donde me tuvieron que hacer una amputación, para que no se me gangrenara el resto del cuerpo. Entonces perdí la letra *ere* derecha de mi nombre y, como por arte de magia, pasé de ser la *Señorita Perra* a ser una frutita: Madame Pera.

"Tiempo después, por boca de mi comadre, la perrita Pluta (madrina de bautizo de los primeros veintidós cachorritos que di a luz), me enteré que los payasos habían

---

1 Comedor del hueso.

fundado un país vegetariano en la luna. En su nueva nación, me refirió Pluta, los payasos requerían semillas de verduras, frutas, cereales, nueces, espinacas, hojas de remolacha, trigo, habichuelas, garbanzos, frijoles y lentejas (excelentes fuentes de hierro). Tú dabas tu semilla y a cambio los payasos te dejaban vivir con ellos en la luna. No es que yo sea una lunática, pero, desde que vivo acá, amo la luna, los animales, los payasos y los circos. En fin. Valiéndome de mi nueva condición de fruta, y aprovechando que *La Pera* es la fruta que más estimula la alegría, opté por entregar mi semilla a los payasos y ellos me permitieron residir aquí, trabajando como secretaria del Lunapuerto. La verdad —prosigue Madame Pera—, lo que se dice la purita verdad, acá soy inmensamente feliz, porque no hago más que reír. Reír es mi religión. En este país no nos gusta el fútbol, sin embargo somos hinchas de la libertad, la fantasía y el amor. Los payasos somos niños grandes, inmensos, maravillosos. Y lo que más me fascina de vivir en la luna es que siempre es lunes, pero lunes festivo. Este país de los payasos es un circo, en el mejor sentido de la palabra; y el único defecto de este circo, es que los enanos quieren tragarse a los elefantes, pero de to…

—Bueno, Madame Pera —interrumpe el presbítero Acrobacia de repente, un poco molesto—, hazme el favor y no hables mal del País de los Payasos, porque eso no te queda bien; mejor indícale a los visitantes el camino hacia el Hospital de la Risotada, porque allí está el Señor Libro, a quien ellos están buscando.

—Perfecto —dice Madame Pera, y para mermar la molestia de Benjamín Acrobacia, le da un beso en la boca, porque sabe que un beso todo lo cura.

—Madame Pera —protesta rápidamente Benjamín Acrobacia—, no me bese en la boca.

—¿Por qué?

—Recuerde que soy el presbítero del país de los payasos, por tanto, soy un hombre célibe, señorita.

—Mamá, ¿qué es *presbítero*?, dime, ¿qué es *célibe*? —interroga Nino.

—Ahora no hagas preguntas —riposta la madre.

Madame Pera se ha sonrojado, verdeado y amarilleado de la vergüenza. "Me duelen los colores de la cara" musita mentalmente.

Sin embargo, sólo para hacer reír al presbítero Acrobacia, se aventura a decir:

—Presbítero Acrobacia, ¿qué pasa si lo beso?

—Si usted me vuelve a besar en la boca, seño…

—Señor Benjamín —obstaculiza Nino—, recuerde que un beso todo lo cura.

—No seas payaso, Nino —lo reprende Danna—, ¡cuántas veces te he dicho que es de muy mala educación entrometerte en conversaciones de payasos adultos!

—Mamá, sólo he querido decir que al payasito Acrobacia le hace falta un besito. ¿Qué tiene eso de malo? Un besito no hace daño, no mata a nadie, y menos cuando viene de fruta. Además, creo que los besitos son la mejor manera en que un hombre-payaso puede volar. Eso lo leí en un libro que escribió un payaso-filósofo. Los besos son puertas para elevar nuestro espíritu en las nubes de la libertad. Los besos nos recuerdan que estamos hechos de la materia de…

—Cállate Nino, no digas payasadas, me estás haciendo pasar una vergüenza.

—Pero mamá, los besos son co…

—Espera, Nino, espera, espera, —interviene el presbítero Acrobacia—; esto parece una payasada. Señora Danna, mejor sigan adelante en busca del Señor Libro, para que les relate algún cuento. Madame Pera les dará las indicaciones para llegar al Hospital de la Risotada.

—Perfecto —apunta Danna, despidiéndose del payaso Acrobacia, quien se aleja para siempre montado en un burro que posee unas enormes orejas de conejo.

Después de despedir al presbítero Acrobacia, Danna se dirige a su hijo:

—Nino, niño payaso, mejor no murmures una palabra más.

—Mejor no murmures una palabra más —dice el payasito.

—Nino, no me arremedes.

—No me arremedes —repite el payasito, sonriendo con ternura.

—Cállate ya, Nino, y no digas una sola palabra más. No estoy para juegos.

—Bueno —dice Nino.

—Te acabo de ordenar que no hables.

—Ssshhhhh —dice Nirín a Nino, y el pequeño payasito se silencia.

Con su boquita pintada de color azul cobalto, Nino imprime un beso invisible sobre las yemas de sus dedos. Sostiene el beso en la mano. Respira hondo. Sopla para que el beso invisible se eleve como una gaviota blanca cuyo pico dorado apunta hacia la mejilla rosadita de Danna.

Luego de flotar algunos segundos mágicos, arrullado por el viento, el beso invisible asciende pacíficamente hasta enarbolarse como un alpinista en la rosada mejillita de Danna, quien siente con la llegada del beso un corrientazo de frescura que la recorre toda.

A continuación, Danna toma el beso invisible de su mejilla y lo siembra entre sus manos. Luego, con el pegamento de la ternura, Danna adhiere el beso invisible en las nubes de su corazón, como quien fija una luna azul sobre un cielo blanco, o como quien sabe que un beso, en verdad, todo lo cura. Locura de cristal. Cristal de amor. Amor azul. Azul palabra. Palabra de locura. Locura del amor. El amor lo cura todo: todo locura.

Sana que sana,
sonrisita de lana:
El que no se ría hoy,
se morirá mañana.

Chiquitín, un elefante en patines

Con su voz de payasito, Nirín dice: "En la luna, se anula la tristeza de todos los payasos, miau". Nino responde: "En todos los payasos hay un niño que vuela". Entonces, el gato escritor dice: "Miau, miau, miau".

Danna y Nino, siguiendo las indicaciones de Madame Pera, se disponen a ir al Hospital de la Risotada, ansiosos de conocer en vivo y en directo al Señor Libro.

Avanzan caminando y levitando al mismo tiempo, como dos tortuguitas aéreas. Llegan al lugar de la luna donde está la bandera de Estados

Unidos que plantó el primer hombre que llegó a la luna. Nino agarra todas las estrellas de la bandera de los Estados Unidos, las despega del lienzo y luego las lanza al espacio, de tal modo que las estrellitas de la bandera, en un santiamén, se vuelven pájaros.

Caminan por la luna. Danzan. Saltan. Juegan.

En sus corazones se amplifican la alegría y el asombro. Saben que, por ser payasos forasteros, tienen que recorrer varios kilómetros de la luna y sortear los improvistos del viaje antes de llegar al hospital donde el Señor Libro debe estar escuchando los gritos de los payasitos que se niegan a que les apliquen la inyección de Carcajidina.

Caminan. Juegan. Cantan. Parecen dos cronopios de colores sobre un desierto blanco.

Lejanas estrellas lanzan, en chorro, una luz tenue que se desparrama sobre las arenas de la luna. Los dos payasitos atisban con asombro el planeta tierra, que desde el satélite blanco se ve como una naranja azul, microscópica, que parece de mentiras.

—Mamá, visto desde la luna, el hombre no es ni una mosca, ni un zancudo —rezonga Nino.

—Pero para un zancudo, un hombre tiene el tamaño de un planeta —manifiesta Danna.

Los rostros de la mama payasa y Nino se iluminan con gestos y expresiones de alegría, porque ven que, de súbito, aparece un elefante color de arcoíris. Su moco mide unos treinta metros.

—Mucho gusto. Soy Chiquitín —dice el elefante—, ¿en qué puedo servirles?

—Vamos para el Hospital de la Risotada, en busca del Señor Libro.

—Bien. Trépense. Los llevaré.

—¿Cuánto nos cobra, Señor Elefante?

—Con que me den una sonrisa de cobre o de plata me basta —observa Chiquitín—; recuerden que la sonrisa cuesta menos que la electricidad y da más luz.

Los Astropayasos esbozan sus sonrisas.

Cada uno se agarra de un colmillo blanco de marfil para montar en el lomo del elefante. Un polvillo gris emerge de la superficie lunar. Fulgentes girones de luz, fragosamente, chasquean en el cielo.

El último en trepar en el elefante es Nirín, el gato dramaturgo e invisible que se acomoda en el hombro de Nino.

—Perdóneme, Señor Elefante —comenta Danna—, pero me gustaría saber algo, ¿por qué su piel es de colores?

—Mire, señora, me pinté el cuerpo con los colores del arcoíris —dice Chiquitín—, porque a la vida hay que ponerle color, de lo contrario se ensombrece. Del color que le pongas a tu vida, depende el olor de tu felicidad. Y de tu felicidad, de alguna manera, depende el aroma de tu planeta, sea Luna o Tierra.

—Señor Elefante —quiere saber Nino—, ¿por qué tienes un moco tan grande?

—Por decir mentirillas, pin una, pin dos, pin tres, se me creció el moco así.

—Señor Elefante —opina Nino—, tu nombre debería ser entonces Pinocho y no Chiquitín, pin tres, pin cuatro y pin cinco.

—Lo que tengo grande es el moco, no la nariz. Pin cinco, pin seis y pin siete.

—Señor Elefante —sigue Nino—, tu nombre debería ser entonces Mocoso, por ese moco tan grandote que es tu nariz, pin seis, pin siete y Pinocho.

—¿Mocoso? ¡Uy qué oso! —dice el elefante—, menos mal me llamo Chiquitín.

Chiquitín, que tiene puestos unos patines voladores, levanta su extenso moco y dibuja con éste una figura con forma de triángulo.

Un viento canta tibiamente con son de clarinete.

El mamut bate sus dos orejas acampanadas y, mientras giran las ruedas de sus patines voladores, sale volando a una velocidad de tortuga, con los dos payasitos a cuestas.

—Mamá, ¿qué es el cielo? —pregunta Nino, desde el lomo de Chiquitín, entreviendo la noche taqueada de estrellas.

—El cielo es un arcoíris secreto.

—¿Por qué?

—Porque el cielo es de varios colores. En lo más profundo de la noche, el cielo suele ser de un color negro profundo. Al amanecer, o al atardecer, es rojo manzana y amarillo naranja al mismo tiempo. Durante un día normal, el cielo suele tener un rostro azul, picoteado de algunas pecas (nubes) blancas. Cuando hay muchas nubes, el cielo queda como cubierto por un vestido de paño todo blanco, con gorro, corbata y pañuelo blancos. Y si llueve, su color es grisáceo. Por eso te digo que el cielo es un arcoíris secreto, abierto de puro encanto.

—Si el cielo cambia de colores —declara Nino—, entonces no es un arcoíris, sino un camaleón. Y si es un camaleón, puede ser un león, y por eso desata la furia de sus tormentas y relámpagos. Y si es león, debe tener colmillos de neón. Y si sus colmillos son de neón, es porque son estrellas. Y si son estrellas, es porque se estrellaron contra el fuego de la fantasía donde juego a encajar el cielo en mi corazón.

Con la mirada puesta continuamente sobre las arenas de la luna, los payasitos avanzan.

Sobre la atmosfera, Chiquitín dibuja con su moco un corazón. El elefante hace después otras figuras con su extenso moco. Una sonrisa iridiscente franquea el rostro de Danna.

—Mamá, cuéntame un cuento, quiero un cuento —pide Nino de repente, mientras las hilachas de su amarillo cabello de payasito revolotean en su cabecita como pétalos de girasol.

—Está bien —contesta Danna, asida de las orejas de Chiquitín—, voy a relatarte "*La sombra del rey*", un cuento que oí de labios de mis abuelos-payasos, quienes a su vez lo oyeron de labios de sus tatarabuelos-payasos. Dice así:

"Erase un Rey-Payaso muy grande. Tan grande pero tan grande, que su sombra obscurecía la mitad de su reino. Era tan alto, tan alto, que no tenía "sien" sino un millón. Era tan tacaño, tan tacaño, que un día se tomó una foto del cuello para abajo para que no le saliera cara. Y era tan calvo, tan calvo, que no tenía ni un pelo de bondad.

Un lunes, aquel gigantesco rey-payaso salió a dar una caminata por los valles de sus dominios. En la tarde, mientras caminaba, el gigante rey-payaso corrió con la mala suerte de caer en un pozo muy profundo, donde quedó atrapado sin muchas posibilidades de salir.

El martes intentó elevarse por las paredes del pozo, pero no logró escapar.

El miércoles, implorando auxilio, gritó todo el tiempo como un loco, pero el pozo era tan profundo que nadie pudo oír sus suplicas.

El miércoles, en la tarde, desesperada por la desaparición no forzada del rey-payaso, la reina organizó un destacamento de soldados y ordenó la búsqueda del monarca.

El jueves, al despertar, el rey se halló sin voz; había gritado mucho. Además, no había probado bocado y parecía un muerto de hambre, él, que lo tenía todo.

El viernes, en la noche (aunque en el pozo siempre era de noche), un tigre hambriento que andaba haraganeando por ahí en busca de presa, rodó y pahhh, cayó justo en el pozo donde, sin su espada, yacía atrapado el rey-payaso.

Minutos después, un humilde labriego-payaso que transitaba por ahí oyó unos rugidos feroces dentro del pozo. Unos rugidos de tigre. Guashhh. El humilde labriego-payaso se acercó, alumbró el pozo con su linterna y simplemente vio la sombra de un tigre. Al parecer, el tigre se devoró al Rey-Payaso. Despavorido, con el corazón dando tumbos en su pecho, el labriego-payaso se retiró del pozo.

El viernes siguiente, el nauseabundo olor del cadáver prorrumpió del pozo, expandiéndose por todo el reino.

El sábado, el séquito de soldados que buscaba al rey, llegó al pozo.

Atados de arneses, los valientes soldados descendieron hasta las profundidades y, al alumbrar con sus linternas, hallaron en el fondo el cuerpo del rey: sus ojos cerrados, polvo acumulado en su barba, negras las manos, fría la calva, la ropa hecha girones y mugre en sus uñas.

De repente, el rey despertó y dijo a sus hombres:

—Oh, si no hubiera sido por un tigre que se despeñó en este pozo, posiblemente me hubiera muerto de hambre. Pero me engullí al tigre y sobreviví.

Y colorín colorado, el pobre tigre, en un pozo, por un rey-payaso fue devorado.

El domingo, en plaza pública, el monarca-payaso narró ostentosamente a

su pueblo de payasos la hazaña en la cual él mismo había devorado un tigre. Como era de esperarse, su pueblo de payasos lo colmó de encomios.

Entre la multitud, estaba el labriego-payaso que había visto en el pozo una sombra de tigre-payaso.

Este labriego, con una voz rumorosa, dijo para sus adentros: *La sombra del rey… tiene forma de tigre.* Y colorín colorado, este cuento ha terminado".

Viajando a bordo del elefante filósofo, con rumbo al Hospital de la Risotada, Danna y Nino saltan de emoción.

—Ese cuento del rey-payaso no me gustó para nada para nada —habla Chiquitín.

—¿Por qué? —curiosea Danna, con voz de iguana.

—Porque un rey, payaso o no —repone Chiquitín—, no debería tener sombra de tigre sino *sombra de paloma*, para que elevara en su gobierno la justicia.

—Yo —opina Nino—, pienso que un rey debería tener sombra de gato, para que me traiga *miau*to. Y a mí sí me gustó el cuento del rey-payaso que era tan calvo tan calvo que no tenía ni un pelo de bondad, porque me hizo recordar la maravillosa película El Rey León, donde se cuenta la vida de un rey-león al que le sobraba pelo de tanta bondad. Yo creo que todos los reyes son leones. Para ser rey, hay que ser león. Y hablando de películas de leones, creo que la pantalla de cine es como la página cambiante de un libro mágico. Chiquitín, mamá, en verdad creo a todo dar que el cine no es el séptimo arte sino el séptimo cielo. Mejor dicho, yo sin películas, sin actrices hermosas y sin el cine de los viernes (día del amor) no podría vivir.

—Bueno —habla Danna, la mamá payasa, cambiando de tema—, ¿quieren que les cuente otro cuentito sobre reyes, o qué?

—Sí. Otro cuento, ¡hurra, hurra! —chifla Nino.

—Está bien, otro cuento, pero antes —dice Chiquitín, señalando con su moco de diez metros la estación de Gasoluna—, vamos a recargar con Gasorisas mi corazón, así podré llevarlos con más prisa hasta el Hospital de la Risotada.

La estación de Gasoluna está ubicada a unos cien metros.

Como es de suponer, tiene forma de un elefante que es diez veces más grande que Chiquitín.

—Esta estación de Gasoluna —cuenta Chiquitín, el elefante filósofo—, fue construida hace mucho tiempo con el cuerpo disecado de mi tatarabuelo; el viejo se llamaba Trompas, debido a la talla de su moco, que medía, di tú, unos mil metros. A mi tatarabuelo todos le decían de cariño *Pueblito*, porque todos los días lo ponían a cargar hipopótamos, cebras y camellos en su lomo, sin siquiera pagarle lo de una limonada, ni una naranjada. Mi tatarabuelo —continúa Chiquitín— era tan dulce, tan dulce, que logró hacer de su corazón una colmena de donde salió una abeja con la que se casó, pero la abeja le salió abeja y se voló un día para casarse con un ovejo que tenía mucha lana y podía comprarle más cosas. Entonces mi abuelo quedó con el corazón hecho una *miel*; luego, lo llevaron al hospital de la escafandra para que le pusieran un corazón nuevo. Las escafandras cirujanas le adaptaron como corazón una *menta helada*, pero como mi tatarabuelo era más bien tibio de sentimientos, la *menta helada* no fue compatible con su metabolismo; finalmente, las escafandras cirujanas no pudieron extraer del pecho de mi tatarabuelo la *menta helada* que reemplazaba su corazón… y mi tatarabuelo, definitivamente, se murió de frío. Después lo disecaron y decidieron llevarlo a los payasos-ingenieros para construir con su cadáver esta estación de Gasoluna del País de los Payasos.

Danna y Nino divisan muy a lo lejos, mucho más allá de la estación de Gasoluna, unas figuras diminutas que se contonean sobre la arena.

—Mamá, allá vienen los pitufos.

—No, Nino, no son los pitufos, son los payasos azules y rojos —suelta Chiquitín—, sólo que están muy a la distancia y por eso se ven como pitufos. Seguramente, vienen de la casa de Rita, la gran maga del País de los Payasos.

—Mamá, yo quiero ser aprendiz de mago —confiesa Nino, recordando con inmensa alegría a su tío paterno Evelio Rosero Diago, quien le enseñó que para alcanzar los sueños primero hay que c.o.n.v.e.n.c.e.r.s.e de que son posibles.

—Todo niño es un mago —interviene Chiquitín, palmeando con su descomunal moco la espalda de Nino—, tu magia es el juego, tu magia es tu inocencia, niño, tu magia es tu fantasía. Así que ya eres mago.

—También la magia es una sonrisa —añade Nirín, el gato invisible que escribe cuentos de amor para que no le salgan con cuentos de pacotilla, y luego repone—, Nino, y no olvides que la mayor de las magias es la ternura, hija primogénita del amor.

Los dos payasitos descienden del elefante.

Chiquitín aparca su corpachón de colores en la estación de Gasoluna, eleva su moco gigantesco, lo introduce en una pierna del cuerpo de Trompas, su tatarabuelo disecado y, para que el dispensador de la maquina fantástica le provea unos buenos litros de Gasorisa, recita con alegre voz el santo y seña:

—Trompas, Trompas, Trompas-Wi. Quiero Gasorisa para-mí. Y si no me das, te rompo la trompa y salgo a mil.

El censor de la maquina comprende el santo y seña, y se dispone a proveer de Gasorisa a Chiquitín.

Bello es poder recibir algo de nuestros tatarabuelos.

Mientras Chiquitín llena su corazón de Gasorisa, Danna le hace mantenimiento a las ruedas de los patines voladores.

En ese mismo momento, son precisamente las figuras de los pitufos, creciendo lentamente ante los ojos de Nino.

Al acercarse, los pitufos crecen más y más.

Nino distingue en ellos muchos payasos, mucha bulla y mucha alegría.

   —Listo —anuncia Chiquitín, soltando su moco del dispensador—, corazón cargado de Gasorisa. La risa debe ser el combustible del alma. Sin risa, no se puede ir a ninguna parte, porque sin risa la vida se vuelve fea y pasa deprisa.

Chiquitín se detiene para brillarse las uñas con una lima para elefantes. En tanto, canta con voz de ruiseñor:

—Linda, linda es nuestra luna. Supercalifragilísticaespiralibella. Bella y blanca, como una potranca. Pitibiri, pitibiri, pitibiriblanca.

Una cortina de niebla baja, invisiblemente, cubre la luna.

Montados en patinetas voladoras, los policías de la Guardia Lunar pasan raudos haciendo sonar sus sirenas. Chiquitín canta y canta.

—Linda, linda, es nuestra luna.

La noche se sienta en el andén del infinito a tejer estrellas, es decir, a tejer botones para su vestido de novia eterna. Pitiribi, pitiribi, pitibiri-eterna.

—¡Yupi! ¡Es una caravana de payasos! —silba Nino con agitación.

Los pitufos se acercan hasta crecer como seres normales. Tam. Tam. Resuenan sus tambores. Tam. Tam. Tam.

En realidad, no son pitufos, son payasos de carne, crema y color. Tocan toda clase de instrumentos. De sus bocas de colores prorrumpen sonrisas. Esas sonrisas estallan en el cielo de los oídos de Nino como juegos pirotécnicos de alegría.

Entre la caravana de payasos, vienen Barbazul, El Chavo del Ocho, Doña Ratona, La Rana René, Popeye, Mario Bros, Peter Pan y Mafalda.

—Venimos de la casa de Rita, la maga —comenta Popeye el marino.

—¿Qué hay allá? —inquiere Nino.

—Es una casa donde hay un millón de magos, junto al Mago Merlín.

—Quiero ir —silba Nino.

—No —ordena Danna—, vamos en busca del Señor Libro, ya lo sabes.

Nino se encoge de hombros. Mira a Danna por encima del hombro, muy molesto. Da algunas pataditas a la arena de la luna. Forma una breve y rutinaria pataleta.

—No te preocupes, Nino —sugiere Chiquitín—, cuando encontremos al Señor Libro, comprenderás que él es el mago más encantador del mundo desde que el mundo es mundo. El Señor Libro no sólo es mago, es también el camino hacia la sabiduría. La sabiduría es el camino a la felicidad. Y la felicidad es el camino hacia el amor, que es la magia por antonomasia. El amor te puede llevar a donde quieras, el amor debe ser camino y no meta. Así que súbete en mi lomo ahora mismo, Nino, y vamos en busca del Señor Libro. La manera de avanzar es echando pa'elante. ¡Vamos!

Nirín levanta con gracia la cabeza y maúlla pidiendo a Nino que sonría.

Nino sonríe y logra ver, reflejados en el espejo de los ojos de Nirín, un par de niños igualitos a él mismo. "Los payasitos como yo, viven dentro de los ojos de los gatos" piensa Nino, con un semblante más alegre, viéndose reflejado en los ojos del gato.

Chiquitín ubica su larguísimo moco en forma de escalera para que Nino y Danna se trepen en su lomo de colores. Una vez arriba, Nino abre su mano derecha. Luego se despide de Popeye y de toda la caravana de payasos. El elefante enciende sus siete corazones y emprende la marcha.

Al alejarse entre la multitud de payasos que hacen tronar sus tambores, Doña Ratona, saltando, con el rostro lavado de emoción, canta:

—Suena. Suena. Suena.

Suena incoherente,

pero jamás alcanza sus sueños,

aquel que se duerme.

En el país de los payasos,
el más payaso es el rey.

El Señor Libro y el circo mágico

Flores del tamaño de un edificio bordean el camino. Por todas partes, llueven pétalos de rosa, en cuyos terciopelos de colores puede verse la foto de Superpayaso, el ídolo de los niños soñadores. De algunos pétalos de rosa surgen diminutas aves.

Desde el hombro de Nino, Nirín le da un tierno saludo a las lejanas y azules gardenias que danzan en las escalinatas del cielo.

—Mamá, ahora sí nárranos el cuento —exige Nino, con emoción.

—Sí. Un cuento, Danna, narra un cuento

—reclama Chiquitín—, lo prometiste, y las promesas deben cumplirse.

—Está bien —indica Danna—, ahora me propondré relatarles un cuento que me contó papá-payaso hace muchos años. Se titula "*El rey del serrucho*". El único problema es que solamente me sé la primera parte del cuento.

—¿Y la segunda parte? —objeta Nino.

—Mmmm. La segunda parte sólo la sabe el Señor Libro.

Esa es la verdadera razón por la cual he venido a visitarlo.

—Entonces cuéntanos la primera parte —sugiere Nino, con entusiasmo.

—Bien —contesta Danna—, dice así:

"Hace muchos siglos, en un pequeño pueblo perdido entre la verde espesura de montañas y selvas ariscas, vivía un rey-payaso que, además de avaro, mendaz y mentecato, era bruto y negligente a más no poder. Aquel rey no remuneraba bien a sus súbditos, solía hacer trampa, era cascarrabias, se expresaba con malas palabras, se negaba a construir circos nuevos, no servía a su gente con amor y rara vez se le veía sonreír. Su palacete no contaba con piscina. Éste rey era tan pobre, tan pobre, que lo único que tenía, era mil mansiones fundidas en oro. Era un pobre rey-payaso sin nadita que comer, sino carnes, frutas, dulces, tortas, huevos, pan y pez; y el pobre no encontraba, qué comer ni qué beber. No conocía la alegría, ni soñaba en su quehacer; era un falso rey payaso sin sonrisa ni placer. No era nada compasivo y la guerra quería hacer. Y era tan bruto pero tan bruto, que no usaba peine sino serrucho.

Su majestad, la Reina Serrucha, lo traicionaba con su propio hermano.

Una noche, la emperatriz y su amante tomaron la decisión de asesinar al rey-payaso.

Diseñaron un plan para perpetrar su obscuro propósito. A la semana siguiente, lo envenenaron.

La misma noche del homicidio, los dos traidores clavaron una espada en el costado izquierdo del pecho del cadáver del rey-payaso. Posteriormente, convocaron a uno de los esclavos, que era mudo… y lo aprehendieron.

Al día siguiente, los dos traidores, para lavarse las manos, informaron a la corte la muerte del monarca y aseveraron que habían sorprendido a aquel esclavo mudo con las manos llenas de sangre y una espada en sus manos.

—Señores jueces —afirmaron los asesinos—, este esclavo desenvainó su espada en contra de su majestad el rey-payaso y clavó la afilada hoja en su corazón, pues quería hacerse al poder para usar peine en vez de serrucho.

La corte, apoyada en tan eminentes testigos, halló culpable al esclavo mudo y decretó: colgarlo.

Al día siguiente del fallo (¿falló?), se dispuso una solemne ceremonia de justicia para colgar al "culpable".

* * *

Aquel esclavo mudo tenía ya la soga amarrada al cuello y estaba a dos segundos de ser ahorcado, cuando de repente, como una luz, entró un superhombre que dijo gritando:

—Este hombre mudo es inocente, no ha matado ningún rey.

—¿Quién es usted? —profirieron al unísono la reina y su cómplice.

—Soy Dios —respondió aquel—, y he venido para detener este homicidio. El hombre mudo que tiene la soga jamás asesinó al rey.

—Señor Dios —discutió la reina asesina—, ¿cómo sabe usted que este hombre no ultimó al rey para hacerse al poder? ¿Tiene pruebas fehacientes para demostrar lo que dice?

—Sí —respondió Dios—, tengo las pruebas. El hombre es inocente.

—¡Pruebas! ¿Cuáles? —replicaron al unísono los dos asesinos y la corte.

Entonces, Dios dijo:

—Lo veo todo. Lo sé todo. Sólo sé que todo sé. Hice el cielo, la mar, los astros, el infinito, los payasos, los reyes y todo lo que hay en el universo. Lo sé todo y digo que este hombre no puede haber matado al rey clavando una espada en su corazón, porque cuando creé los reyes, en su pecho olvidé poner un corazón. Este hombre es inocente, déjenlo libre.

Y colorín colorado, este cuento no ha terminado".

El elefante estornuda y su moco de diez metros se remece como una anaconda.

Pasa volando un león azul. Nirín lo observa; los ojos de Nino se abren como platillos voladores. Con sus alas, el león se va perdiendo en las alas del cielo.

El cabello de Danna vuela por el camino, cual un arco irisado cometa cósmico.

—Este cuento del rey serrucho no me gusta para nada para nada. No me cabe en la cabeza que existan reyes que, para reinar, usen el serrucho —brama Nino.

—A mí sí me gusta el cuento, es fantástico —considera Chiquitín, el elefante filósofo—. Está muy bien logrado desde el punto de vista narrativo. El escenario, los personajes, la intriga, tienen un yo no sé qué que me deslumbran. Ahora bien, el tema, los sub-temas, los sub-sub-temas, el estilo, el sub-estilo, el lenguaje empleado, la estructura, el tono, el sub-tono y…

—Bueno, Chiquitín, —interrumpe Danna—, esto no es una tertulia de payasos literarios ni mucho menos una payasada lingüística filológica ni sub-filológica, así que no pierdas el tiempo con tus notas de filósofo y tus críticas literarias. He contado este cuento para alegrarlos, para que disfruten, no para que se compliquen la vida con análisis. Es mejor disfrutar que complicarse. Cuento por contar, porque me fascina, porque el cuento es mi cuento y es la casa de mis días. La literatura no se explica, se manifiesta y eso es todo.

En ese momento, una palomilla blanca del tamaño del Cañón del Colorado, se abre paso en el cielo de la noche que semeja un océano empachado de estrellas de mar.

—Mamá, ¿aquello tan inmenso que vuela es una paloma o un agujero blanco?

—No es ni agujero ni paloma; es el corazón del poeta.

—¿Por qué los pájaros vuelan? —pregunta Nino, porque sí.

—Es que el cielo es una guitarra —explica Danna—, y los pájaros logran encender su música cuando rozan las nubes con sus alas.

—Ah… —apunta Nino—, yo pensaba que el cielo era un niño muy grande, y que cuando llovía era porque ese niño hacía chichí. Pero ya sé que el cielo es una guitarra, ahora comprendo que cuando llueve es porque en la guitarra celeste está sonando la canción del agua, escrita en descenso, con millones de letras de agua, sobre el pentagrama del aire.

—Bueno —murmura Danna—, sigamos adelante; me muero de ganas por ir a ver al Señor Libro.

—Mamá payasa, antes de continuar, dime, ¿qué es *célibe*?

—*Célibe* es un adulto que no ha contraído matrimonio.

—Y dime, madre, ¿cuál es la cura para esa enfermedad?

—Para cuál, ¿para el matrimonio o para los *célibes*?

—Para los *célibes*.

—Ser célibe, al igual que contraer matrimonio, no es ninguna enfermedad como tal. Simplemente es una decisión íntima que cada quien toma. Pero si a alguien le parece que es una enfermedad, yo solamente le recomendaría una cosa: un beso, porque un beso todo lo cura. Locura de amor.

—Bueno, mamá. Ahora dime, ¿qué es *presbítero*?

—Acá, en la luna, *presbítero* es un payaso que le obsequia con cariño a los niños un reloj con forma de tortuga y pantalla de neón. Benjamín Acrobacia, por ejemplo, es un *presbítero*, de los más felices y de los más payasos.

—Y en la tierra, ¿qué es *presbítero*?

—En el Planeta Azul, *presbítero* es un sacerdote o clérigo ordenado para decir misa.

—Y dime, ¿qué es *clérigo*?

—*Clérigo*, en la tierra, es un hombre que ha recibido las órdenes sagradas de la religión cristiana. Es decir, es un hombre que le ha entregado su alma y cuerpo a Dios, con el fin de difundir el mensaje de Cristo, quien en nombre de Dios, vino a predicar el amor.

—Mamá, ¿Dios existe?

—Mira Nino, millones de hombres dicen que sí existe y millones de hombres, sobre todo los filósofos, dicen que no.

—Y tú qué dices, ¿existe o no existe?

—Para mí, sí existe.

—¿Y dónde está Dios?

—Está en tu corazón. El amor es Dios. La vida es Dios. La poesía es Dios. La noche es Dios. Las estrellas son Dios. Dios es como una luz. Está en todas partes. Él es como el viento. Es como una flor, invisible, secreta, infinita. Brilla para todos y a todos da su aroma cálido y divino, sin distinguir.

—¿Dios está en todas partes? ¿Está con los niños que se portan mal, con los que no hacen caso, con los que le sacan la lengua a los profes, con los que no se cepillan los dientes de leche antes de ir a dormir? ¿Dios está con los adultos malos que hacen la guerra?

—Sí. Dios está en todas partes. Esperando que los niños se porten bien, que hagan caso, que no le saquen la lengua a los profes. Y está también con los adultos malos que hacen la guerra. Está presto y dispuesto a perdonarlos para cuando decidan vivir en paz. Es que Dios no se anda con prejuicios, como los adultos. Dios es un niño, su alma es luz y su corazón es la verdad. Él no dice "Fulanito es bueno, Menganito es malo"; eso lo dicen los adultos o los críticos de arte, pero Dios no. Dios nos ama a todos por igual y está esperando a que algún día todos los hombres aprendan a amarse los unos a los otros como a sí mismos, pero en la práctica, y no en la teoría, como sucede hoy.

—¿Dios tiene correo electrónico? —continúa Nino, insistente.

—Sí. Escríbele, a ver que te responde. Pero primero búscalo en tu corazón. Él se comunica con los hombres a través del corazón o a través de sus consciencias. Si entras a tu corazón, allí encontrarás a Dios.

—¿Dios está en Facebook?

—Dios no entra al Facebook, él chatea de una manera diferente con las aves, las nubes y los ríos. No necesita de intermediarios. Él entra directamente a tu corazón y si tú le permites entrar, tu mundo será un verdadero paraíso. Dios es un tesoro interior y en su corazón sólo cabe la inocencia. Bueno, y ya no me preguntes más. Simplemente, vive tu vida feliz. Dios estará feliz si tú estás feliz. Ser feliz debe ser tu misión. Aquí. Ahora. En el presente. El futuro nunca está. El pasado ya no es. Dios está en presente. Es el presente. Dios es todo. Eso es todo.

—Mamá, y los que dicen que Dios no existe, que sólo hay ausencia de Dios…

—No te compliques, Nino. A ellos diles que la ausencia de Dios ratifica que en algún lugar debe rebrillar su presencia. Si existe su ausencia, existe su presencia, así como existe el día y la noche, arriba y abajo. Hijo, el universo es infinito y maravilloso. Sólo hay que despertar a su belleza.

—Señora Danna —se inmiscuye Chiquitín—, perdóneme, pero yo, a diferencia de usted, no creo en Dios. Y creo que si existe, si de verdad Dios existe, es un payaso; mira el hambre, la guerra, etc. ¿Cómo es posible que si Dios existe y si creó el mundo y la luna, no sea capaz de dar ayuda a las personas que la necesitan? Si Dios no ayuda a las personas directamente, si no viene al mundo a disuadir los hombres que hacen la guerra, si Dios no viene hasta mi casa y me habla directamente, sin intermediarios y sin cobrarme un diezmo, no creeré en Dios. Mientras haya hambre y dolor en el mundo, Dios será un payaso.

Un pato, con un cuerpo de similar dimensión a la de Chiquitín, señala de pronto la ominosa figura de un león-payaso y anuncia el final del camino empedrado por donde los conduce el elefante.

—En verdad, nunca imaginé que la luna fuera tan grande —insinúa Danna—, siempre creí que era del tamaño de una oblea; muchas veces deseé bajarla para rellenarla de arequipe, queso y mermelada de mora, y luego masticármela en un parque. La vista siempre nos engaña, por eso la misión del corazón es decirnos la verdad, para que la mente no nos mienta.

—Bueno —advierte Chiquitín, sin encrespar a los payasos forasteros—, estamos muy cerca del Hospital de la Risotada, pero para llegar allí, antes hay que cruzar una selva muy peligrosa. Siempre hallaremos algunos obstáculos en nuestro camino. Sin esos obstáculos, nada tendría sentido. Bien. Ustedes decidirán si continuamos o si nos rendimos.

—¡Retornar, después de tanto haber avanzado, jamás! —concluye Nino—, sigamos adelante, pase lo que pase. Los payasos soñadores no nos detenemos al primer tropiezo. Hay que ir hacia adelante como el elefante, con paso lento, pero firme. La meta no es llegar. La meta consiste en jamás rendirse.

—Así se habla, Nino —dice Nirín, y palmea al pequeño payasito con su cola.

Las flores que bordean el camino, cuyos tamaños son similares al de un edificio de mil pisos, empiezan a desaparecer de la vista de los payasos.

Un loro azul, muy alegre, de pico color naranja, muy naranja, de zapatos de mocasín, muy de mocasín, anuncia la entrada de Chiquitín a la selva. Nirín, los dos payasos y Chiquitín, empiezan a internarse en la selva.

—Esta selva tiene sus peligros —aclara el elefante, con una voz tan temerosa como una flor bajo la nieve—. Esta selva está llena de animales feroces. Pero no se preocupen, soy amigo de todos y no permitiré que les hagan daño. Confíen en mí.

—Nino —chilla Nirín, preocupado— ¡ojalá no se me aparezca algún perro bravo en esta selva, digamos un Pit Bull o algo por el estilo!

—Nirín, no aceptes el miedo en tu vida —le aconseja Nino—; porque es el temor a los perros lo que más debilita a los gatos. Además, tú eres un gato y no debes temer a los perros. Los gatos son mucho más ágiles que los perros. No olvides que el gato es primo-hermano del tigre.

Avanzan. Cuando se dan cuenta, van entre la espesura del bosque de la luna. Danna canta una melodía que suena como si viniera de los labios de la noche:

—Señor Libro. Señor Libro. Supercalifragilísticoespiralisabio. Libre y sabio como un loro blanco. Pitibiri, pitibiri, pitibiriblanco.

Pájaros de colores lanzan, desde los nidos, como flechas, sus cantos. Nirín y los payasitos bajan del elefante para tomar agua dulce del río que serpentea azul sobre la selva lunar.

Unos minutos después, el Señor Cocodrilo, que asoma con corbatín, camisa de mancornas y botas de cuero italiano, se acerca a Danna, la aborda y le reclama:

—Señora, ese niño-payaso me acaba de quitar diez colmillos. Dice que quiere llevarlos de recuerdo al Planeta Azul, dice que es para coleccionarlos.

—Nino —grita Danna—, los colmillos de los animales no son para coleccionar, devuélvelos al Señor Cocodrilo.

—Está bien, mamá —resopla Nino.

En la selva lunar, repentinamente, emerge un tiburón de dimensiones tan reducidas como las de un ciempiés. Éste conduce a Chiquitín, al gato Nirín y a los dos payasos foráneos hasta la plaza principal de la selva.

Allí, en el corazón del bosque, las letras del abecedario están convocando a las vocales a elecciones. El Señor León, que se acaba de enterar de ello, quiere postularse como candidato, pero no se lo permiten. Señor Loro, Señor Tigre y Lord Caimán, le dicen: "Señor León, usted ha perdurado mucho tiempo fungiendo como rey de la selva, ya hasta le hicieron película y todo. En carta rubricada ayer, por medio de un ejercicio democrático donde la mitad más uno de los habitantes salvajes estuvieron de acuerdo, se decidió rotar la corona y abrir candidaturas sólo para aquellos habitantes cuyo nombre empiece por vocal… y su nombre, Señor León, empieza por consonante, de modo que no podemos aceptar su candidatura".

—Chiquitín, tú eres un Elefante, tu nombre empieza por vocal. Deberías participar en estas elecciones de animales salvajes —plantea Nino, con agitación.

—Sale y vale —acepta Chiquitín, festivo.

Empieza entonces la elección del rey de la selva de la luna.

Escoltadas por los lagartos, los pájaros, las culebras, los dromedarios, las abejas, las ratas, los perros, los piojos, las ranas, las cebras, los armadillos, los ciempiés, las lombrices y las cucarachas, las vocales promueven su campaña de elecciones salvajes.

La vocal A es la primera en dar su discurso; dice recitando: "Soy la Ardilla de la Amistad. A. A. A. Quiero Atraer Amor, Alegría, Armonía y Atención para las hormigas hambrientas. A. A. A. Mi deseo es Acabar con el Asesinato y las peleas entre Animales. A. A. A".

Chiquitín, el candidato de la vocal E, grita: "Soy el Elefante, el más grande y tierno de los animales. Mi paso es lento, pero firme. Entusiásmate, Escógeme y te Empleo. Mis prioridades son Educación, Entusiasmo y Exportación. Mi lema es Emprender, Enriquecer y Evolucionar."

La candidata de la vocal I, una animalita muy guapa, exclama: "Soy una Iguana, Inigualable e Infinita. Mi plan se basa en la Igualdad. Ansío Identificar las raíces de la Ignorancia para erradicarlas, porque la ignorancia es lo que hace pobres a los animales. Trabajaré Insaciablemente contra la Injusticia. Ha llegado la hora de proclamar una verdadera Independencia. Mermaré la descarnada Inflación selvática. Inmortalizaré la dignidad del animal Inmigrante. Inyectaré a la selva Inteligencia, Instinto de respeto e Integridad."

El candidato de la vocal O, que viajó desde el polo sur de la luna con todos sus hijitos para participar en las elecciones, ostentando su barba blanca, da su discurso: "Soy un Oso Oloroso a Oportunidad. Obraré a favor del animal Obrero sin matar Orangutanes. Quiero Oro para el animal pobre, Oro para los gusanitos indefensos, Oro para las grandes bestias como el camello y Oro para todos los payasos de la luna. Daré Oportunidad al animal Obrero y al animal Oligarca. Ofrezco la Opción del No Odio. Soy el candidato de la O y contengo en mi proyecto todo lo que ofrece la A, porque estoy cerca de ella cuando se escribe AmOr. Con la E sucede lo mismo, cuando vEngO. Y con la vocal I muy fácilmente me alío… sin líos.

Finalmente, la candidata representante de la vocal U, da su discurso en la selva:

—Soy la Urraca. Les prometo la Utopía.

—¡Urra, bravo! —gritan las multitudes en la selva.

En un abrir y cerrar de ojos, el ambiente se llena de tensión y alegría al mismo tiempo.

Las elecciones siguen su curso. Mientras se desarrolla el conteo de votos, Nino juega a las escondidas con todos los animalitos de la selva. Queda como encargado de buscar. Los animalitos se esconden.

—Uno, dos, —cuenta Nino con los ojos cerrados, recostado contra un ciprés más alto que la torre Eiffel—. ¿Ya se escondieron? Uno, dos y tres. Cuatro, cinco y seis. Al primero que encuentre, lo convertiré en nuez.

Nino sale a buscar los animalitos que se esconden, bien bajo una piedra, bien debajo del prado.

—Un-dos-tres por el pájaro blanco que está escondido en una nube —canta.

—Un-dos-tres por la serpiente que se enrolló simulando ser una roca —canta.

—Un-dos-tres por ti, por ti y por ti — canta.

—Y un-dos-tres por el perro y el alacrán que están detrás de las urnas —grita el niño, jugando a las escondidas con los animalitos de las elecciones; sale a correr en busca de los demás animalitos.

—Un-dos-tres por todos, salvo patria, un dos tres por los que votan por las abejas, un dos tres por el que está leyendo este libro y un-dos-tres por mí. Y colorín colorado, el juego de las escondidas ha terminado.

Flash, flash. El juego de las escondidas termina.

Minutos después, Señor Loro, Señor Tigre y Lord Caimán, dan el veredicto final de las elecciones:

—El nuevo rey de la selva de la luna será —abren el sobre, lo desdoblan, y dicen—, la Urraca.

Todos los animales gritan de júbilo, lanzan rosas y girasoles al aire, porque saben que la Urraca será menos voraz que el Señor León y traerá a la selva una Utopía.

—Chiquitín, ¿estás triste por haber perdido las elecciones de la selva? —cuestiona Nino.

—En verdad —exterioriza el elefante—, me agrada mucho que haya ganado la Urraca, porque el destino de todo ser vivo debe ser la Utopía. Lo que me duele es que hayan hecho trampa con el conteo de los votos. Pero igual, la Urraca es un ave, de la mejor familia de las aves. La Urraca se viste bien, no dice groserías, tiene un corazón inmenso, tuvo su educación en las mejores universidades de la selva, nació para traer un cambio, podría enseñarnos a volar y yo confío en su altura. Esta selva necesita la paz. El Señor León, en cambio, era muy salvaje, tenía dientes

de serrucho, chuzaba a sus animales colegas, rugía mucho, gobernaba con sus colmillos y no con su corazón. Es mejor una Urraca de buena familia que un león sin escrúpulos. Ojalá los reyes sean siempre de buena familia, pues son más aplomados e inteligentes. Además, siempre estaré de acuerdo con la democracia y si la mayoría eligió a la Urraca, estaré de acuerdo con las decisiones de la mayoría.

—Estoy de acuerdo con el elefante —revela Nirín—. Yo voté por el oso, pero después me dio mucho oso. Ese oso era como izquierdoso, hablaba más de la cuenta y los que mucho hablan, poco aprietan. Es mejor hablar menos y hacer más. Estoy con la Urraca, estoy con la Utopía.

Danna se acerca pausada.

—Bien, es hora de seguir nuestro camino e ir en busca del Señor Libro. Me gustan más los libros que las elecciones.

—Entonces, sigamos adelante —murmura Chiquitín y ubica su larguísimo moco en forma de escalera para que Nino y Danna trepen en su lomo de colores.

Nirín se monta en la nuca de Chiquitín y se despide de los animales de la selva. Chiquitín enciende motores, hace girar las ruedas de sus patines y arranca.

Se oye un coro de adioses de parte de todos los animales de la selva. La algarabía cesa. Los animales quedan en manos de la Urraca, quien gobernará un largo tiempo.

Se alejan.

La selva lunar desaparece de los ojos de Nino.

Sobre el elefante, los Astropayasos siguen a rajatabla el camino hacia el Hospital de la Risotada.

Por fin, arriban.

—Hemos llegado —avisa Chiquitín—, no hay plazo que no se venza ni viajero que no encuentre su rumbo.

El Hospital de la Risotada es una casa de colores, muy grande, como un circo. Nino baja saltando del elefante y se acerca. Entra al circo. Danna, Chiquitín y Nirín lo siguen. El circo es inmenso de verdad. Dentro, hay un millón de payasos, muertos de la risa, dando y dando vueltas en un carrusel. Un tobogán de treinta kilómetros se roba la atención de Nino.

Ante los ojos de Danna salta una gavilla de micos.

Nirín brinca y cae sobre un colchón gigante. Sube y baja. Rebota. Baja y sube.

Un millón de elefantes, primos de Chiquitín, se balancean sobre la tela de una araña; como la tela se resiste, Chiquitín salta, se balancea y danza con los elefantes.

Danna juega al tiro al blanco. Tiene que pasar una flecha por el ojo de una aguja, a una distancia de cien kilómetros. El arco está templado. La flecha está lista. Danna dispara y en un segundo la flecha pasa por el ojo de la aguja.

—¿Cómo lo hiciste? —pregunta el Señor Libro.

—Observé el ojo de la aguja como si fuese del tamaño de un elefante —repone Danna, sin ver todavía al Señor Libro.

Danna se da vuelta y mira con el rabillo del ojo al Señor Libro. Se estremece. En un rapto de felicidad, se lanza contra él y le da un beso en la portada.

Danna se sonroja, como un tomate.

El Señor Libro la toma de la mano con su solapa
y le acaricia la boca con las letras de su título.
Luego, la abraza con su prólogo. En seguida, le
susurra al oído palabras blancas con su dedica-
toria y la lanza a volar en el cielo de alguna de
sus primeras páginas en blanco. Danna abre sus

brazos como una gaviota recién nacida del huevo del cielo y vuela en el aroma de las hojas del Señor Libro.

Danna siente dos alas inmensas que anclan sus raíces en sus hombros. Continúa explayando su vuelo en las páginas del Señor Libro. Justo en el centro del cielo de una palabra, sorprende a una consonante levantando un pensamiento escrito en papel crepé:

LA MANO QUE ACARICIA AL NIÑO
ES LA QUE RIGE EL MUNDO[2]

De pronto, como por arte de magia poética, Nino, Nirín y Chiquitín aparecen dentro de las páginas del Señor Libro, planeando junto a Danna. El Señor Libro entra en las páginas de su cuerpo y vuela junto a los payasos visitantes.

—Señor Libro, queremos escuchar la segunda parte del cuento sobre *"El rey del serrucho"* —reclama Nino, volando, observando absorto al Señor Libro.

—¿El rey que era tan bruto tan bruto que no usaba peine sino serrucho? ¡Claro! ¿Qué

____

2 Peter de Vries. .

desean saber?

—¿Qué pasó después que Dios intercediera por el esclavo mudo?

—Pasó el tiempo. Mucho tiempo. El esclavo mudo jamás habló, no porque fuera mudo, sino porque los esclavos nunca hablan, no tienen voz. Son como animales, a duras penas rebuznan. No es bueno ser esclavo.

—¿Y la reina y su amante? —continúa Nino— ¿qué fue de ellos?

—Ellos se hicieron al poder. Pero un día, no ha mucho tiempo, la corte reabrió el caso para investigar quiénes habían asesinado al rey-payaso que era tan bruto tan bruto que no usaba peine sino serrucho. Hicieron muchas investigaciones y no pudieron resolver el caso. Entonces, los ministros de la corte decidieron llamar a Dios, para que él, que todo lo veía y todo lo sabía, dijera quién había asesinado al rey. Dios, en el juicio, dijo:

"Al rey sólo pudo haberlo asesinado alguien sin corazón".

"Fueron los reyes" gritaron todos en la corte, "los reyes de este reino son los únicos que no tienen corazón". "Sí" dijo Dios, "los reyes lo hicieron". La corte capturó a los reyes y los puso a disposición del pueblo de payasos para que los colgaran por el delito de homicidio y traición. Los payasos tomaron cartas en el asunto, conformaron un comité y se pronunciaron: "Nosotros no somos capaces de colgar a los reyes, aun cuando sobre ellos pese el delito de asesinato y traición; no optamos por la venganza como solución; tenemos un corazón muy grande, por tanto no somos capaces de colgarlos; intuimos que un asesino fue, en el pasado, un niño que no recibió amor; sólo asesinan los que no conocen el amor; en consecuencia, hemos decidido que el castigo para los reyes es darles todo nuestro amor y perdón; así somos los payasos; la alegría es nuestra casa; la ternura es nuestra nación".

Al instante, el Señor Libro, muy lentamente, se desvanece, como si lo atravesaran con un borrador mágico.

En ese momento, mientras todos vuelan junto al Señor Libro, Nino siente que Danna lo zarandea y lo zarandea. La voz de la mamá payasa resuena como un río de cristales:

—Despierta, Nino, despierta, es hora de
ir a la escuela.

Nino abre sus ojos, se ve en su propia cama con su
pijama de Power Ranger, reconoce su habitación,
bosteza y comprende, entonces, que todo ha sido
un sueño.

—Mamá, he vuelto a soñar que visitaba
el País de los Payasos —revela Nino.

—¿Otra vez? —consulta Danna.

—Sí. Pero esta vez ha sido muy especial.
Había un gato, se llamaba Nirín y era escritor. Conocí un elefante, iba en patines. ¡Si lo
vieras, era del color del arcoíris!

—Nino, levántate. Es hora de ir a la escuela.

—Mamá, en la luna había un circo. Lo
soñé. Las flores tenían tamaños gigantescos.
El gato saltaba, jugaba conmigo. Era un gato
invisible y yo hablé con él.

—¿Qué le dijiste al gatito?

—Le conté que yo había leído *Cien años
de soledad*, el libro mágico de Jorge Luis
Borges, el escritor colombiano.

—Nino —grita Danna, poniendo las letras de su grito en el cielo, casi indignada con el niño—, en primer lugar, Jorge Luis Borges no es colombiano, es guatemalteco. ¡Creo que no te va ir muy bien en español y literatura este año! ¡Ojalá no tengas que repetir año, porque si repruebas, no habrán juguetes en navidad, oíste! —Danna peina todo su cabello, lo acomoda hacia atrás y dice—: En segundo lugar, Nino, y te lo digo para que no lo olvides nunca: *Cien años de soledad* no fue escrita por Jorge Luis Borges. *Cien años de soledad* la escribió el mejor escritor de Colombia: Jairo Aníbal Niño.

—Jairo Aníbal Niño, ¡claro!, ¿cómo pude olvidarlo?

¡Bueno! Ya no reprobaré español y literatura.

—Nino, es hora de levantarse.

—Mamá, déjame dormir unos minutos más. Quiero seguir soñando con payasos. Cinco minutos. Sólo quiero dormir cinco minutos más. Cinco minutos.

—Si no te levantas ya, llegaremos tarde a la escuela. Así que, arriba jovencito. Ve a la tienda y cómprame algunas cosas.

Nino bosteza. Se despereza.

Aún tiene en los ojos las marcas del sueño.

De todos modos, se calza unas pantuflas de Mickey Mouse, recibe algo de dinero de manos de Danna y sale hacia la tienda. Silba, como un canarito. Salta, como un caballito.

En un parpadear, está en la calle. Las nubes lo fotografían.

Sus ojos azules se posan en lo alto del cielo. Un arcoíris rebrilla en el rostro de la mañana. Nino lo observa.

"El arcoíris es una cebra que comió crayolas y logró volar" piensa el niño.

Una paloma mensajera, con una postal para la luna, atraviesa el cielo.

Sobre el andén, duerme Aska, un perro clonado, sin dueño, sin historia, que vagabundea por las calles de la Ciudad de Altoamor.

Nino sonríe con todo el cuerpo y suspira alegremente. Las nubes roncan.

Pájaros veloces recitan trabalenguas en los recintos invisibles del aire.

Bosteza el cielo.

—Pan, queso, huevos y chocolate —canta Nino, a la vez que avanza hacia la tienda—, pan, queso, huevos y chocolate— bate las monedas en sus manos.

Altoamor, su ciudad, expande un olor a alegría, a dulzura, a sueño.

Pájaros de colores, como estrellas de algodón y plumas, desfilan en el cielo.

—Yo soy el niño al que le regalaron el viento —susurra Nino, porque sí.

Entra a la tienda.

—Buenos días, Don Agapito. ¿Me puede vender una libra de amor?

—El amor no se mide por libras, pero se puede aprender en los libros —responde Don Agapito, con una sonrisa abierta de oreja a oreja—, el amor no se compra, niño, el amor no se vende, el amor es toda una conquista.

—Entonces, ¿me puedes vender pan, queso, huevos y chocolate?... y si me sobra dinero, un dulce.

—Aquí tienes —Don Agapito entrega el pedido a Nino, le obsequia dos dulces y un bom-bom-bum; en seguida, pregunta—, Nino, ¿qué vas a ser cuando seas grande?

—Yo, seré un vendedor de dulces —explica Nino, profiriendo sus palabras con propiedad—; tendré una gran empresa de dulces; en todos los países estableceré una sucursal; y un día obsequiaré un dulce mágico a todos los adultos.

—¿Y para qué le darás un dulce mágico a todos los adultos del mundo? —desea saber Don Agapito.

—Para que todo el mundo sea más dulce —afirma Nino

y se va.

Fin

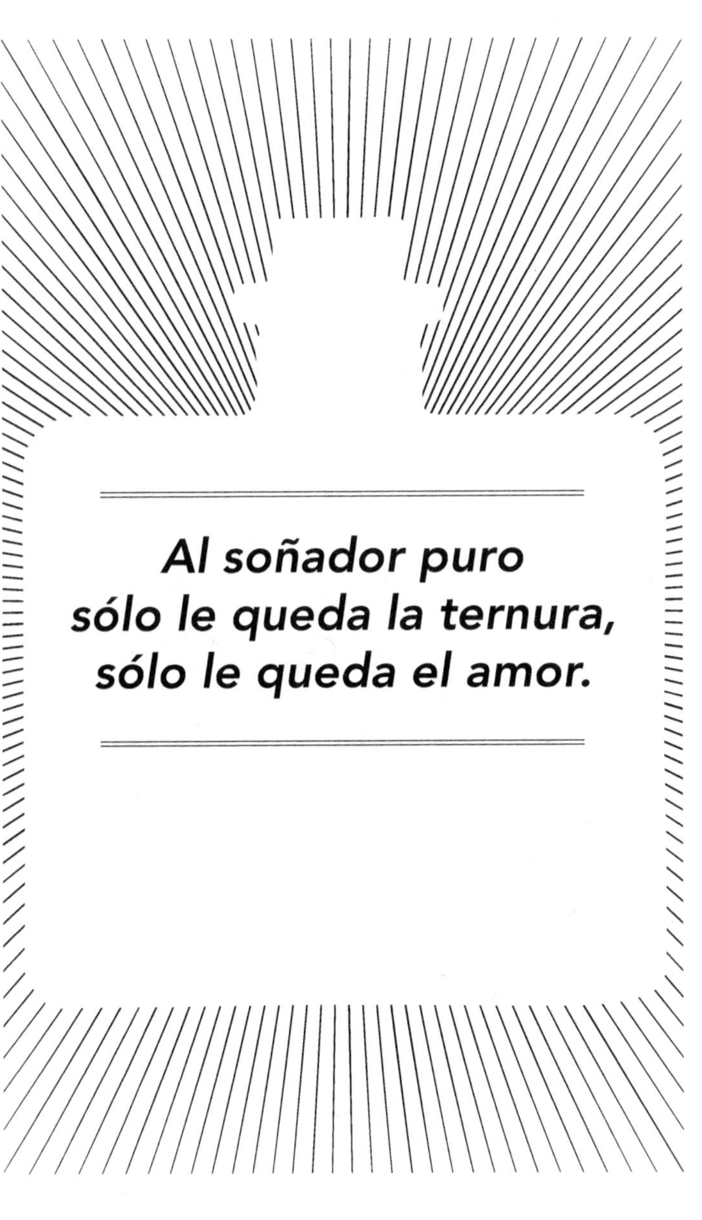

Al soñador puro
sólo le queda la ternura,
sólo le queda el amor.

David Saturno Donatti

Bogotá, Colombia (1984). Novelista y poeta.
Ganador del XXVII Concurso Universitario
Nacional de Poesía Universidad Externado
de Colombia (2014). Ha publicado, "Rondas
para desnudar la noche" y "Casa de locos".